*La* mayor parte de las sombras de la vida
se deben a que nos tapamos del sol.

— *Ralph Waldo Emerson*

Las ediciones en español
publicadas por

# Blue Mountain Arts®

A mi hija, con amor,
sobre las cosas importantes de la vida
por Susan Polis Schutz

Antologías:

Aguántate
...a veces, la vida puede ser dura pero
todo saldrá bien

Cree siempre en ti y en tus sueños

El matrimonio es una promesa de amor

En tu alma hay nobleza, hijo mío

Estos son los dones
que quisiera darte

La verdadera amistad
siempre perdura en el corazón

Lemas para vivir

Si Dios está a tu lado
...no estarás jamás a solas

Te quiero, Mamá

# Piensa

# pensamientos

# positivos

## cada día

Palabras que inspiran
una visión más optimista
de la vida

Editado por Patricia Wayant

**Artes Monte Azul**™
Blue Mountain Arts, Inc., Boulder, Colorado

Número de tarjeta de catálogo de la Biblioteca del Congreso: 2003114536
ISBN: 0-88396-801-0

Los RECONOCIMIENTOS aparecen en la página 64.

Algunas marcas comerciales son usadas por licencia.

Hecho en los Estados Unidos de América.
Tercer impresión en español: 2004

 Este libro se imprimió en papel reciclado

Este libro está impreso en papel vergé de alta calidad, de 80 lbs, estampado en seco. Este papel ha sido producido especialmente para estar libre de ácido (pH neutral) y no contiene madera triturada ni pulpa no blanqueada. Cumple todos los requisitos de American National Standards Institute, Inc., lo que garantiza que este libro es duradero y podrá ser disfrutado por generaciones futuras.

# Blue Mountain Arts, Inc.

P.O. Box 4549, Boulder, Colorado 80306, EE.UU.

# Índice

# Que siempre tengas pensamientos positivos

Que cada día de tu vida te brinde nuevas esperanzas para el mañana — porque la esperanza nos da la razón para seguir.

Que cada nuevo día te brinde una sensación de emoción, alegría y maravillosa expectativa. Espera lo mejor y lo recibirás.

Que sepas encontrar la paz en las cosas sencillas, porque son las que siempre estarán con nosotros.

Que recuerdes los buenos momentos y olvides la pena y el dolor, porque los buenos momentos te recordarán cuán especial ha sido tu vida.

Que siempre sientas amor y amparo, que recuerdes que eres de lo mejor.

Que saborees las cosas buenas de la vida — la felicidad de los sueños realizados, la alegría del propio valor y la satisfacción de saber que has triunfado.

Que encuentres en otros calidez, expresiones de amor y bondad, sonrisas que te alienten y amistades que sepan ser leales y honestas.

Que te apercibas de la importancia de la paciencia y que sepas aceptar a los demás tal cual son. Con comprensión y amor, hallarás el bien en todos los corazones.

Que tengas fe en los demás y que no pierdas la vulnerabilidad. Abre tu corazón y de verdad comparte el milagro del amor y de la intimidad.

Por sobre todas las cosas, que siempre tengas pensamientos positivos.

— Regina Hill

# Máxima para una perspectiva positiva

Niégate a la tristeza;
    ábrete a la alegría.
Niégate a que se multipliquen tus penas;
    enfréntalas una por una.
Organiza tu tiempo; mantén sencilla tu vida
    y tal como quieres que sea.
Niégate a quejarte por todo;
    aprende a mejorar tu entorno
y crea tu mundo
    tal cual crees que deba ser.
Niégate a detenerte en los errores
    o desencantos
que son en ocasiones parte de la vida;
aprende en cambio cómo
    mejorar la situación.
Sé optimista.
Adopta una actitud enérgica y positiva
    en todo lo que haces,
y siempre espera lo mejor.
Cree en tu persona en todo momento
    y en todos los aspectos de tu vida.
Antes de que te des cuenta,
esos sueños maravillosos
que cultivaste durante toda tu vida
    se realizarán,
y tu vida será
la vida feliz y triunfadora
    que estaba destinada a ser.

— Ben Daniels

# Lleva contigo estos dones del corazón...

Fe... que pase lo que pase,
   habrá alguien que sabe
      comprender.
Sinceridad... la sensación
   de que nunca
tendrás que ocultar nada.
Paz... porque se te acepta
   por quién eres de verdad.
Belleza... en la visión
   más que en el aspecto.
Libertad... de ser quién eres,
   de cambiar y de evolucionar.
Alegría... en cada día, en los recuerdos,
   y en las esperanzas para
      el futuro.
Amor... para toda la vida,
   y quizás más allá.

— D. L. Riepl

# Diez sugerencias para un futuro mejor

1. Entiende que la vida no siempre es justa. Acepta lo inevitable y cambia lo que puedas cambiar.

2. Piensa antes de actuar. Un instante de descuido o ira podría ocasionar años de angustia y arrepentimiento.

3. Busca la belleza en la vida, la gente, la naturaleza, y tu persona.

4. Valora lo que tienes: la gente, las oportunidades, las posesiones materiales.

5. Esfuérzate por divertirte: es la mejor manera de relacionarse con otros, y te deja algunos de los mejores recuerdos.

6. Reserva cierto tiempo para tu persona. Date un gusto sin sentir ni una pizca de culpa.

7. Acepta a los demás sin juzgarlos. Somos todos distintos, y ser diferente está bien.

8. Perdona. La amargura y el resentimiento te lastiman a ti más que a la persona contra la cual dirijas estos sentimientos.

9. Aprende. Abre la mente a ideas nuevas y nuevas actividades, no tengas miedo de intentarlas.

10. Sueña. Formula planes, cree en tu persona y persigue lo que deseas.

— Barbara Cage

# Cuando surjan dificultades...
## "Aférrate a la vida"

En la vida, inevitablemente surgen dificultades. Lo importante es enfrentar los momentos difíciles, adaptarse a los cambios, y avanzar hacia el otro lado, allí donde aún brilla el sol para ti.

Hay que tener fortaleza para enfrentar momentos difíciles y elecciones dificultosas. Pero tú tienes fortaleza. Hay que tener valentía. Pero tú posees esa valentía interior que te sostendrá. Hay que ser participantes activos en la vida. Pero tú tienes el timón en tus manos, y puedes fijar el rumbo que deseas para el mañana.

Aférrate a la vida... y no pierdas de
vista aquello que es constante, bello
y verdadero: Todo andará bien —
porque tú eres quien eres una
persona muy especial.

Por eso... desde hoy y para siempre —
aférrate a la vida, y no temas sentir
que el sol del mañana brilla... sólo
para ti.

— Douglas Pagels

# Mantén el optimismo

Cuando la vida parece abrumarte
    y no consigues hacer
    todo lo que te espera...
Cuando no queda tiempo alguno
    para descansar y disfrutar...
Cuando es poca la recompensa
    de todos tus esfuerzos
    y te preguntas si es que vale la pena,
    si acaso es así la vida,
    si esto es todo lo que el futuro
        te depara...

Trata de mantener una actitud positiva pensando
    en las pequeñas bendiciones que ocurren
    todos los días sin que siquiera lo notemos.
Mantén abierta tu mente a las situaciones cómicas,
    porque el humor te puede rescatar
        de las sensaciones abrumadoras.
Y no olvides jamás que hay personas
    que te aman y que piensan en ti;
    personas que quieren ayudarte y apoyarte
    a través de los momentos difíciles de la vida;
    personas que piensan que eres muy especial;
    personas, que mucho se preocupan por ti.

— Barbara Cage

# Prométete
## tan solo lo mejor

Prométete que
soñarás más y vacilarás menos.
Que creerás más en ti
y te juzgarás menos
con el metro de los logros ajenos.
Que apreciarás a tu familia
y amistades
por todo lo que aportan
para mejorar tu vida.
Prométete que
aceptarás los vaivenes de la vida
para que cada día sea de verdad especial.
Que te harás más independiente
y le temerás menos a cambiar.
Que llenarás tu vida
de momentos especiales,
y tornarás tus sueños realidad.

— Deanna Beisser

# Piensa pensamientos positivos cada día

Si sientes que en tu vida careces del poder que deseas y de la motivación que necesitas, en ocasiones solo basta con cambiar tu punto de vista.

Si educas tus pensamientos para que se concentren en lo positivo, es más probable que tengas el incentivo necesario para perseguir tus objetivos. Es menos probable que te frenen esas ideas negativas que podrían limitar tu desempeño.

Puedes mejorar tu vida y enriquecer tu dicha si eliges cambiar tu perspectiva. No abandones tu futuro en manos del azar ni esperes que las cosas se arreglen misteriosamente por su propia cuenta. Debes encaminarte en la dirección de tus esperanzas y aspiraciones. Comienza a afianzar la confianza en tu persona y trata de solucionar los problemas en vez de huir de ellos. Recuerda que tener poder no significa necesariamente controlar situaciones, sino más bien ser capaz de enfrentar lo que se te presente.

Cree firmemente que el bien es posible y recuerda que los errores pueden ser lecciones que conducen a descubrimientos. Toma tu temor y transfórmalo en confianza; aprende a elevarte por encima de las ansiedades y las dudas. Transforma tus "horas de preocupación" en "horas productivas". Toma la energía que has desperdiciado y dirígela hacia esfuerzos que valgan la pena en los que te hayas involucrado. Verás que ocurren cosas bellas en cuanto te permitas experimentar las dichas de la vida. Hallarás la felicidad al adoptar una actitud positiva en tu rutina cotidiana y hacerla una parte importante de tu mundo.

— Kelly D. Williams

La actitud positiva es un hábito como cualquier otro; podemos practicarla todos los días hasta que se vuelva parte de nuestro ser... y transforme nuestra vida en el trayecto.

— Washington L. Crowley

No hay nada bueno o malo,
sino actitudes que lo determinan.

— William Shakespeare

# Los pensadores con actitud positiva tienen doce cualidades en común

Ellos tienen confianza en sí mismos
Ellos tienen un firme sentido de propósito
Ellos no buscan excusas por no haber hecho algo
Ellos siempre se esfuerzan por llegar a la perfección
Ellos no consideran jamás la posibilidad de fracasar
Ellos trabajan duro para alcanzar sus objetivos
Ellos saben quiénes son
Ellos comprenden sus debilidades y también
   sus puntos fuertes
Ellos aceptan la crítica y la aprovechan
Ellos saben cuándo deben defender sus acciones
Ellos son creativos
Ellos no temen ser un tanto diferentes
   al hallar soluciones que les permitan
      lograr sus aspiraciones

— Susan Polis Schutz

# Guarda siempre un sueño en tu corazón

Si tienes un sueño — por todos los medios —
   haz lo que debas para hacerlo realidad.
Si tienes una meta, que sea algo
   que luchas por lograr.
Si tienes una esperanza, aliméntala
   de todo corazón.

— Collin McCarty


¡Aférrate de tus sueños!
Mantén en tu corazón
Un rincón callado y secreto
Donde guardes los sueños,
Para que, así amparados
Florezcan y crezcan
Allí donde no haya temores.
¡Mantén un rincón secreto,
Dentro del corazón,
Para guardar los pequeños sueños!

— Louise Driscoll

# Haz aquello que te da felicidad

Si tienes cierta ansiedad
   al elegir la senda de tu vida,
Date un poco de tiempo para ti;
   vete a algún lugar.
Suéltate, date libertad.
Contempla lo profundo de tu alma y pregúntate
   qué es lo que te da felicidad.
No tomes cierto rumbo solo porque
   te parece que debes hacerlo
O porque estaba en tus planes;
En ocasiones lleva mucho tiempo saber
   lo que tú quieres.
Vete a caminar, siéntate junto al fuego,
   contempla la superficie de un lago;
Vete allí donde encontrarás inspiración.
Prueba diferentes cosas.
Descubrir lo que debes hacer
   no tiene que ver con cuánto dinero puedas ganar
   ni a quién puedas complacer.
Debes complacerte a ti primero;
   debes amarte lo suficiente para descubrir
   aquello que más te complazca.
Con el tiempo hallarás aquello que te haga feliz.
Vale la pena el tiempo que te lleve;
   tú lo vales.

— Carol Howard

# Vive una vida de dicha

La dicha no viene de afuera. Debe venir de adentro. No es lo que vemos o tocamos ni lo que otros hacen por nosotros que nos hace dichosos; es aquello que pensamos y sentimos y hacemos, primero por otros y luego por nosotros mismos.

— Helen Keller

Vive de modo que tengas serenidad, estés en armonía con el mundo y en la plenitud de la dicha.

— Confucio

La dicha no está en los objetos, sino en nosotros mismos.

— Richard Wagner

La verdadera dicha viene desde adentro.
Hallarás la dicha si dejas que
te guíe tu conciencia —
escúchala; síguela.
Tu conciencia es la clave de tu dicha.

— Karen Poynter Taylor

Si puedes sentarte ante la puesta del sol
Y contar tus acciones
    Y al contar, hallar
Una acción generosa, una palabra
Que dio paz al corazón de quien la escuchó —
    Una mirada tierna,
Que cayó como un rayo de sol donde se dirigía,
Podrás contar el día como bien vivido.

— Robert Browning

# Encuentra cada día algo que te inspire gratitud

Ten conciencia cada día
    de la belleza que te rodea;
Y gratitud plena
    por amistades y familia,
por la bondad que hallas en otros,
por tu salud y por lo que
    eres capaz de hacer.
Ten plena aceptación
    de ti y de los demás —
sin condiciones ni juicios,
sabiendo que las diferencias y los cambios
    hacen interesante la vida.
Aprecia como dones la risa
    y la diversión en tu vida,
y halla consuelo en saber
    que siempre puedes ejercer
la capacidad de ver el lado positivo.

— Barbara Cage

Nada puede obstaculizar ni detener a un alma fuerte y decidida en busca de salud, utilidad, verdad y éxito.

Ten bien presente este hecho en tu mente y vive según el mismo, diga lo que diga el mundo al contrario. Nada temas. Eres parte del universo espléndido, y estás aquí para sacar lo mejor de esta etapa de la vida.... Busca cada día aquello que te llene de gratitud y alegría, y lo encontrarás....

Llena tu alma y tu mente de amor hasta el tope
   de comprensión y de dicha...
      y aparecerán
      las bendiciones.

— Ella Wheeler Wilcox


Las personas más dichosas del mundo son aquellas que olvidan fácilmente sus preocupaciones... y recuerdan fácilmente sus bendiciones.

— Alin Austin

## No lamentes tu pasado; aprende del mismo

Allá lejos en el pasado distante
yace la idea de aquello
    que fuera cierta vez
y de cómo determinó
    quiénes somos hoy.
Lamentamos aquello que no hicimos
y desearíamos poder cambiar
    aquello que hicimos mal.
Más bien deberíamos mirar hacia el futuro.

Acabamos por desperdiciar la vida
    en remordimientos,
sin apercibirnos de lo bueno
que está ocurriendo en el presente.
Si miramos hacia el futuro,
con seguridad hallaremos
al menos cierta dicha
que dará valor a nuestra vida.

Puedes hallar consuelo
en los pensamientos y las acciones
de aquellos que te rodean.
Ellos te ayudarán
a atravesar los tiempos difíciles
y también se alegrarán contigo
de los buenos momentos.

Anticipa días más luminosos,
por la senda de tu vida.
Tal vez surjan complicaciones,
y las cosas se pongan mal,
pero recuerda tus virtudes.
Mantén alta la cabeza,
para que el mundo entero vea
   cuán especial eres...
y sigue adelante.

— Lauren Hall

# Que cada día sea un nuevo comienzo

Termina cada día y ya no pienses en él.
Hiciste lo que pudiste. Por cierto hubo
algunos desaciertos y tropezones; olvídalos
tan pronto puedas. Mañana será un nuevo
día; comiénzalo bien, con serenidad y buen
ánimo, liberándote de la carga de tus viejas
preocupaciones. Este día es todo lo que es
bueno y justo. Es demasiado precioso, con
sus esperanzas e invitaciones, para que
desperdicies un solo instante en tus ayeres.

— Ralph Waldo Emerson


Intenta mantener tu alma joven
y vibrante todos tus días
y por siempre imagina
...que la vida recién empieza.

Creo que es la única manera de
expandir las habilidades,
los afectos y la dicha
    interior.

— George Sand

# Los milagros de todos los días

Cada día está pleno de milagros
que parecen tan comunes
que en ocasiones olvidamos detenernos
y apreciar la maravilla
del instante.

Con cada niño que nace,
cada arco iris que resplandece,
cada sonrisa que compartimos —
nace un milagro.

En ocasiones olvidamos que los milagros
no siempre son espectaculares
ni ocurren una sola vez en la vida.
Casi todos los milagros son más pequeños.
Los mejores de todos son aquellos
que ocurren cada día
y reflejan el amor y la esperanza
por la naturaleza y la humanidad.

No olvides jamás alegrarte
con cada pequeña alegría...
si solo celebras
los acontecimientos más espectaculares,
pasarás mucho tiempo
esperando que la dicha te encuentre.
Es mejor que tú encuentres la dicha.

— Patty J. Rice

# Promete que...

Te tratarás con gentileza.
Te mirarás en el espejo y verás
tu propia hermosura.
Expresarás tres deseos.
Serás fuerte.
Alimentarás tu alma.
Rezarás tus oraciones.
Te liberarás de los dolores.
Prohibirás la ira.
Vivirás un instante por vez.
Escucharás música.
Harás música.
Buscarás inspiración.
Aprenderás.
Creerás en los cuentos de hadas
y en la magia
de tus sueños.
Descubrirás que los sueños se tornan realidad.
Te abrazarás.
Sentirás brillar el sol.
Volverás a creer.
Sonreirás.
Buscarás la risa.
Por siempre recordarás que tienes
un ángel guardián
que te protege.
Hallarás esperanza.
Hallarás tu verdadero amor.

— Linda Ann McConnell

Alégrate de la vida,
porque te brinda la oportunidad
de amar
    y trabajar
        y disfrutar
    y contemplar las estrellas.

— Henry van Dyke

Levanta el rostro
    hacia el sol
y no podrás
    ver la sombra.

— Helen Keller

# ¡Sigue creyendo!

Sigue creyendo que tú tienes
   lo que hace falta
para convertir tu sueño
   en realidad.
Sigue pensando pensamientos positivos,
y recuerda que tú tienes la habilidad
   para hacer cualquier cosa.
Halla el aliento
   dentro de ti
para saber que eres una persona valiosa
   y distinta —
una persona que merece
   lo mejor que hay.

Sigue intentando.
Acepta lo que debes,
cambia lo que es peor,
y aprende a encontrar amparo y paz
   dentro de tu corazón, tu fortaleza
     y la confianza en tu persona.
Sigue siendo la persona
  que tú eres —
aquella que dispensa a los que la rodean
esa sensación de consuelo y esperanza.
Sigue creyendo, porque tú mereces
la dicha, la paz, la fe, la esperanza y el amor
que estás buscando.
Mereces todos los logros
y satisfacciones en todo lo que intentes.

                 — Regina Hill

# No abandones jamás la esperanza

La vida no siempre nos otorga
   las alegrías que deseamos.
No siempre nuestras esperanzas se cumplen
   ni nuestros sueños,
y no siempre conseguimos
   lo que queremos.
Pero no abandones la esperanza,
porque puedes marcar una diferencia
una situación y una persona
   por vez.

Busca la belleza que te rodea —
en la naturaleza, en los demás, en tu persona —
y cree en el amor
de las amistades, la familia, y la humanidad.

Puedes hallar el amor en una sonrisa
   o en una mano tendida,
en un gesto comprensivo
   o en una palabra bondadosa.
Está por todos lados, solo debes
   buscarlo.

Entrega amor,
porque al entregarlo
hallarás el poder de la vida
junto con la alegría, la dicha,
la paciencia, y la comprensión.

Cree en la bondad de los demás
y recuerda que la ira
    y la depresión
se pueden combatir con el amor y la esperanza.

Aunque te parezca que
nada puedes hacer
para cambiar la desdicha o los problemas,
siempre hay alguna pequeñez que puedes hacer —
y una pequeñez por vez
con el tiempo marca una gran diferencia.

— Barbara Cage

# Cómo hacer crecer la dicha

**Paso 1:**
Plántate profundamente en un cuadro de fe,
cúbrete sólida y firmemente. Riégate todos los
días con pensamientos positivos, y mantente en
la saturación debida. Ponle con frecuencia el
abono del perdón, porque te ayudará a crecer.

Elimina rápidamente las semillas de la preocupación
para que no germinen, y arranca las malas hierbas
de la desesperanza. Alimenta con esperanza los
desalientos según se necesite, y mantente siempre
en la frescura y la sombra cuando sientas irritación
o calor. Poda la culpa o la depresión, porque
crean deterioro, y cultiva con recuerdos dichosos
cada día.

**Paso 2:**
Cosecha las lecciones del pasado; cava, elige
y limpia con la azada. Alimenta las raíces del
presente, porque ahora es cuando florecerás y
crecerás. Empieza a plantar para el futuro; pon tus
objetivos en una hilera. Laya bien el cuadro con la
pala para que todos tus sueños puedan crecer.

**Paso 3:**

Recuerda que la pena es un predador natural, por lo tanto aprende a tolerar cierto nivel de daño. Protege tu jardín con rezos cotidianos. Entierra la crítica y las quejas, porque son plagas dañinas.

Planta la semilla del amor por donde vayas — porque la alegría, el amor, y la risa de seguro crecerán. Si bien las espinas de la vida tal vez perdurarán, germina una sonrisa por el camino... ¡y agradece lo que tienes hoy!

— Michele Rossi

# Ten fe,
# y espera lo mejor

La fe comienza
creyendo
de corazón
que el bien
puede acontecer.

La fe es saber
de corazón
que el bien puede
triunfar sobre el mal,
que el sol puede brillar
en una tormenta.

La fe es serena
y te ampara,
porque
viene de adentro,
allí donde nadie
puede invadir
tus sueños íntimos.

La fe no se puede
exigir ni mandar;
es el resultado de
la dedicación a creer.

La fe es creer
en algo
que no puedes ver ni oír,
algo profundo en tu corazón
que solo tú comprendes
y solo tú controlas.

La fe es confiar
en tu persona
como para saber
que, pase lo
que pase,
tú podrás
encontrar el bien.

— Beth Fagan Quinn

# Que siempre seas tan feliz como puedas serlo

Ámate cada día
y recuerda
a todos los que te aman.
Haz el bien a los demás,
pero también a tu persona.
Libera al niño dentro de ti
para que puedas cantar,
reír y jugar.
Haz una lista de lo
que mejor haces,
y abrázate.
Acepta los cumplidos.
Baila sin zapatos.
Trata de satisfacer un deseo secreto.
Ríete de ti.
Y por sobre todas las cosas,
recuerda que se te ama.

— Jacqueline Schiff

No existen dificultades que no se conquisten con amor suficiente; No existen enfermedades que no se curen con amor suficiente; No existen puertas que no se abran con amor suficiente; No existe río donde no se pueda erigir un puente con amor suficiente; No existe muro que no se pueda derrumbar con amor suficiente; No existe pecado que no se pueda redimir con amor suficiente.

No importa cuán profundo radique el problema; Cuán desesperado el futuro; Cuán confusa la situación; Cuán enorme el error. Una realización suficiente de amor todo lo disolverá… Si solo pudieras amar lo suficiente, serías la persona más poderosa del mundo.

— Emmet Fox

# Una actitud positiva
# es la clave del éxito

Antes de decir "No puedo",
   Ya debes haber intentado.
Antes de que te detengan las dudas,
   Enfréntalas con hechos.
Antes de que las razones te convenzan que es imposible,
   Persigue esa razón que
      lo hace posible.
Antes de que el fracaso penetre tu mente,
   Oculta el éxito en tu corazón.
Antes de que el temor te frene,
   Sigue adelante con la fe.
Antes de que los problemas interfieran con tus planes,
   Úsalos para lograr tus objetivos.
Antes de frenarte porque piensas
      que otros son mejores que tú,
   Muéstrales cómo sabes vencer.
Antes de conformarte con menos,
   Aférrate a lo más importante.
Antes de creer que no hay salida,
   Sigue andando y la encontrarás.
Antes de rendirte,
   Encuentra la paz en tu corazón.
Antes de descartar tus sueños,
   Espera que se tornen realidad.
Antes de salir a buscar la dicha,
   ¡Fabrícala donde estés!

— Nancye Sims

# La esperanza

La esperanza es no cerrar los ojos
    ante las dificultades, los riesgos
    o los fracasos.

Es saber que —
        si fracasas ahora —
        no fracasarás para siempre;
        y si te lastimas,
            te curarás.

Es saber que
        la vida es buena,
        el amor es poderoso,
        y el futuro está pleno de promesas.

— Anónimo

# Diez cosas que debes recordar si alguien te hiere en la sensibilidad

1. Si un familiar, un colega o un amigo te hacen mucho daño, ponte en sus zapatos y trátalos como tú querrías que te trataran, aunque no se lo merezcan.

2. Si escuchaste algo que no querías oír, recuerda que tal vez no sea cien por ciento cierto. No te preocupes. Si no es urgente, no pienses en ello por un par de días. Perdona a la persona que te hizo daño; no olvides que también lo haces por ti. Demuéstrate que sabes practicar lo que crees. Trata de comprender a los demás tal como querrías que te comprendieran ellos a ti...

3. Siempre habrá perdedores y ganadores. Actúa según quieras sentirte al final. No juzgues a los demás si no quieres que ellos te juzguen a ti.

4. Recuerda que lo que hagan los demás es cosa de ellos. No permitas que te produzcan resentimiento ni que sus acciones te depriman. Ellos no son responsables por tus acciones, por más que traten. Lo eres tú.

5. Si alguien dijo algo falso sobre ti o hizo algo para lastimarte intencionalmente, deséale buenas cosas — aunque no quieras hacerlo. Pide por ellos lo que deseas para ti, y ello te ayudará a hacerlo realidad para ti.

6. Si has cometido un error o si te decepcionaste o decepcionaste a otros, discúlpate rápida y sinceramente; es todo lo que puedes hacer. Permite que tu remordimiento te enseñe a tener compasión de otros cuando cometen errores. Nadie es perfecto, si bien todos tratamos de serlo. Si alguien es incapaz de aceptar tus disculpas, no te preocupes. Haz lo que debes y sigue por tu senda.

7. Habla menos y escucha más; es posible que aprendas algo de los demás y de ti. Si quieres gritar, sal al patio y arroja piedras al cemento. Vete a caminar o, mejor aún, canta… te devolverá la melodía en tu vida.

8. Si te parece que alguien se burla de ti o de un ser amado, desármalos, no con tu puño sino con tu mejor sonrisa. Dales algo que ellos no saben dar. Háblales; ten osadía. Pide bendiciones para ellos y tú también las recibirás. La capacidad de perdonar es algo poderoso; te ayudará en cuerpo y alma. No permitas que nadie te lleve a actuar como ellos actuaron contigo, y recuerda que ellos tienen el derecho también de hacer lo que quieran.

9. No ocultes tus penas y congojas y sentimientos porque te endurecerán el corazón. Procésalos con sentido común y comprensión. No reacciones solo con las emociones; responde con madurez y no infantilmente. No lo lamentarás.

10. Ponte en contacto con la persona que deseas ser y conviértete en esa persona. Escucha tu corazón… allí encontrarás respuesta a todas tus preguntas. Recuerda, por más que no te traten bien, trata a los demás tal como querrías que te trataran a ti cuando hieren tu sensibilidad.

— Donna Fargo

# El perdón

El perdón es liberarse del dolor
y aceptar lo que ha ocurrido,
porque no cambiará.

El perdón es ya no culpar.
Se hicieron elecciones que causaron pena;
cada uno de nosotros podría haber elegido distinto,
pero no lo hicimos.

El perdón es contemplar el dolor,
aprender las lecciones que nos enseñó,
y entender lo que aprendimos.

El perdón nos permite proseguir
hacia una mejor comprensión
del amor universal
y de nuestro verdadero propósito.

El perdón es saber que el amor
es la respuesta a todas las preguntas,
y que todos estamos
de alguna manera enlazados.

El perdón es volver a empezar
con el conocimiento
que hemos adquirido.
Es decir:
"Te perdono, y me perdono.
Espero que puedas hacerlo tú también".

— Judith Mammay

# Trata de recordar
# las cosas buenas

Cuando los tiempos se pongan difíciles
(y bien sabes que a veces pasa),
recuerda un momento de tu vida
que fue pleno de alegría
    y de felicidad.
Recuerda cómo te sentías,
y encontrarás la fortaleza
    que necesitas
para sobrepasar cualquier prueba.

Cuando la vida te arroje
    un obstáculo más
de lo que crees que puedes superar,
recuerda algo que lograste
con perseverancia
y luchando hasta el final.
Al hacerlo descubrirás
que puedes superar
cualquier obstáculo en tu senda.

Si te sientes sin fuerzas
y has perdido la energía,
trata de hallar un lugar
    que sea santuario y reposo.
Tómate el tiempo necesario
    en tu vida
para soñar sueños
y renovar la energía,
y podrás nuevamente
    enfrentar cada día.

Si sientes que aumenta la tensión,
encuentra algo entretenido para hacer.
Verás que el estrés que sientes
    se disipará
y tus pensamientos
    se aclararán.

Si te enfrentas con
tantas situaciones
    negativas y agotadoras,
piensa cuán minúsculos
    parecerán los problemas
si consideras el total de tu vida —
y recuerda las cosas positivas.

— Sherrie L. Householder

Es fácil tener
una actitud positiva
cuando todo anda bien...
cuando hay más sonrisas que ceños fruncidos
y el sol ilumina
la ventana.
Pero las personas más felices
son aquellas que pueden decir —
cuando todo anda mal,
cuando las nubes oscurecen el cielo —
que un poco de tristeza
debe equilibrar las alegrías,
y que una pizca de pesar
también es parte del mundo.
Porque conocen, esas personas especiales,
el equilibrio de la naturaleza.
Saben que nada crece
allí donde el sol brilla siempre,
y que los cielos grises y las lluvias
pueden ser un signo del día
que no se debe lamentar.
Para estas personas afortunadas,
la mejor temporada
es siempre la que están viviendo,
y siguen teniendo
una actitud positiva,
sabiendo que el sol
en ocasiones desaparecerá,
pero que
nunca se irá
por mucho tiempo.

— Jamie Delere

Desde que el mundo es mundo, el sol
no ha dejado de brillar ni un solo día.
El problema está en nuestra vista.

— Anónimo

La mayor parte de las sombras de la vida se deben
a que nos tapamos del sol.

— Ralph Waldo Emerson

Un solo rayo de sol basta
para disipar las sombras.

— San Francisco de Asís

# Los secretos de una perspectiva positiva...

Dicha, tanta como pueda albergar tu corazón
Abundancia de risa
Paciencia con los seres amados en tu vida
  y con tus propias debilidades
Ayeres que te consuelan
    y prometen mañanas mejores
Fe en tu persona y en tus metas
Sonrisas reconfortantes que dan calidez a tus días
Abrazos que son bálsamos para el corazón
    a través de las lágrimas
Sueños que te impulsan hacia delante y te
    ayudan a crecer
Aceptación de tus fracasos ocasionales
Determinación de probar una y otra vez
Valentía para proseguir cuando temes
Tibieza cuando afuera hace frío
Una estrella si la noche está oscura
Las alas de una mariposa
La melodía de un pájaro
Y, por siempre, un arco iris
    después de cada tormenta

— Vickie M. Worsham

# No pierdas nunca
## la fe en ti

Nunca pienses que te falta
Alguna condición.
Nunca dudes de tu capacidad.
Nunca pongas en duda tu juicio.
Nunca dejes que nadie ni nada
Te haga sentir menos de lo que eres,
Porque tú eres
    Una persona especial.

Nunca pienses que el próximo paso
Llega demasiado lejos.
Si tropiezas por el camino,
Levanta la cabeza y
Recuerda que las palabras o las acciones
De otras personas
No podrán nunca lastimarte,
Porque tú eres
    Una persona especial.

No pierdas nunca la fe en ti.
Mira a tu alrededor —
Las amistades que te rodean —
Porque te aman y te quieren,
Te ayudan,
Y creen en ti...
    Porque tú eres una persona especial.

— Ashley Bell

# Cree que puedes hacer cualquier cosa ¡y así será!

Imagínate que eres la clase de persona que quieres ser, y lo serás. Tal vez debas abandonar algunos malos hábitos y desarrollar otros más positivos, pero no abandones la lucha — solo luchando y persistiendo tus sueños se harán realidad.

Espera que ocurran cambios, y date cuenta de que la fortaleza para hacerlos proviene de tu alma. Tus pensamientos y acciones, la forma en que usas el tiempo, tus elecciones y decisiones determinan quién eres y quién serás.

Eres capaz de ser y hacer lo que quieras, y te lo mereces. Solo necesitas disciplina y determinación para perseverar. No lo conseguirás al instante, y en ocasiones tal vez retrocedas, pero no te dejes amedrentar. No te rindas jamás.

La vida es un proceso en cambio constante, y nada es definitivo. Por lo tanto, cada instante y cada nuevo día es otra posibilidad de empezar de nuevo.

— Barbara Cage

# Puedes encontrar
# un poco de dicha
# en todo aquello
# que ocurre en la vida

La vida puede elegir por nosotros.
En ocasiones esas elecciones
    parecen tristes e injustas,
pero al final controlamos
nuestro propio destino porque podemos decidir
    cómo nos afectan personas y acontecimientos.

Tanta parte de nuestra dicha yace en
    las elecciones que hacemos.
Podemos aceptar que la vida
    no es como quisiéramos que fuese,
    o podemos cambiarla para que lo sea.

Podemos andar en las sombras,
   o elegir la sonrisa
   y buscar los rayos del sol.
Podemos crear sueños grandiosos
   que jamás despegarán,
   o construir los sueños que se tornarán realidad.
Podemos contemplar tan solo
   nuestros aspectos negativos,
   o bien elevarnos actuando
   como nuestro mejor amigo.
Podemos vivir en el pasado
   o soñar nuestro futuro,
   o vivir en el presente.
Podemos rendirnos cuando el trayecto se haga difícil,
   o podemos proseguir
   hasta que el panorama aclare.
Las elecciones en la vida son ilimitadas,
   y también lo es el potencial de dicha.

— Nancye Sims

# Que tu lado positivo resplandezca

Siempre considera que el honor es una alta virtud. Elévate por encima de las dificultades del mundo.

Siempre di la verdad, para que otros te tengan en alta estima como persona en quien se puede confiar.

Nunca pierdas la fe en tus semejantes, si bien en ocasiones te produzcan desilusiones.

Cree en el trabajo intenso. Nadie te dará en la mano el futuro que deseas. La escalera hacia el éxito es empinada, pero, un peldaño por vez, llegarás a la cumbre.

Siempre cree en ti. Tu dicha depende solo de ti y de nadie más. Si algo te provoca tristeza y congoja, debes cambiarlo.

Mantén siempre el amor junto a tu corazón. Si lo entregas, atesóralo por el resto de tu vida.

— Sherrie L. Householder

# Halla la dicha
# en todo lo que hagas

Halla la dicha en la naturaleza
en la belleza de una montaña
en la serenidad del mar
Halla la dicha en la amistad
en el placer de departir
en compartir y comprender
Halla la dicha en tu familia
en la estabilidad de saber
    que alguien te quiere
en la fortaleza del amor y de la
    honestidad
Halla la dicha en tu persona
en tu mente y tu cuerpo
en tus valores y tus logros
Halla la dicha en
todo
lo que
hagas

          — Susan Polis Schutz

# Haz que cada día sea especial

Agradece y contempla cada nuevo día con esperanza renovada.

Reserva un momento para alejarte del ruido y mirar a tu alrededor. Haz tu inventario. Aprecia a aquellos que mejoraron la calidad de tu vida, y recuerda que fueron un verdadero don para ti. También recuerda que tú eres a la vez un don para ellos.

Ten gratitud por las elecciones que hiciste, tanto las buenas como las malas. Acepta tus errores; no puedes cambiarlos. Aplica lo que aprendiste y sigue por tu camino. Que estas lecciones te sirvan para otras decisiones en tu vida. Apréciate a ti misma y tu individualidad.

Sal a mirar el cielo. Empápate de la atmósfera. Disfruta de los colores del entorno. Ábrete a las texturas de los sitios que amas. Sonríele al mundo. No te dejes dominar por sentimientos negativos. Experimenta la fortaleza de tu propia aceptación. Dale una vuelta positiva a todos tus pensamientos.

Haz que cada día sea especial. Poséelo. Disfrútalo. Sumérgete en la gloria de la vida. Aprecia el don que es tu propia vida.

— Donna Fargo

# Por sobre todas las cosas…
## ¡encuentra la felicidad!

Descubre siempre la bondad en este mundo,
haz lo que puedas para ayudar
    a los menos afortunados,
camina de la mano con aquellos
    con menos talento,
sigue a aquellos que más saben,
y considérate igual a aquellos
    que son diferentes.
Encuentra tu propósito especial
    en este mundo tan lleno de posibilidades
y ayuda a guiar a aquellos que se pierden.
Sé tu propia persona —
destácate de aquellos
    que son iguales.